AF322472

RÉPUBLIQUE FRANÇAISE

MINISTÈRE DE L'INTÉRIEUR

DIRECTION DE L'ASSISTANCE ET DE L'HYGIÈNE PUBLIQUES

LOI DU 14 JUILLET 1913

RELATIVE A L'ASSISTANCE AUX FAMILLES NOMBREUSES

ARTICLE PREMIER. — L'assistance aux familles nombreuses constitue un service obligatoire pour les départements avec la participation des communes et de l'État.

Ce service est organisé par le Conseil général dans des conditions prévues à la présente loi. Il est administré par le préfet.

Si un Conseil général refuse ou néglige de délibérer, ou si sa délibération est suspendue par application de l'article 49 de la loi du 10 août 1871, il peut être pourvu à l'organisation du service par un décret rendu dans la forme des règlements d'administration publique.

ART. 2. — Tout chef de famille, de nationalité française, ayant à sa charge plus de trois enfants légitimes ou reconnus, et dont les ressources sont insuffisantes pour les élever, reçoit une allocation annuelle par enfant de moins de treize ans, au-delà du troisième enfant de moins de treize ans.

Si les enfants restent à la charge de la mère par suite de la mort du père, de sa disparition, d'abandon par lui de sa famille ou de toute autre cause, l'assistance est donnée pour chaque enfant de moins de treize ans au-delà du premier enfant de moins de treize ans.

Si les enfants restent à la charge du père par suite de la mort de la mère, de sa disparition, de l'abandon par elle de sa famille ou de toute autre cause, l'assistance est donnée pour chaque enfant de moins de treize ans au-delà du deuxième enfant de moins de treize ans.

Seront assimilés aux enfants de moins de treize ans, pour l'application des dispositions de la présente loi, les enfants âgés de treize à seize ans pour lesquels le chef de famille ou la mère aura passé un contrat écrit d'apprentissage dans les conditions déterminées par le règlement d'administration publique prévu à l'article 15 de la présente loi.

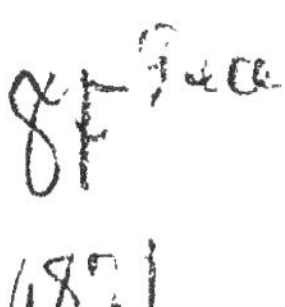

Seront considérés comme chefs de famille les parents qui, en cas d'abandon des enfants ou de la disparition des père et mère, auront pris la charge des enfants.

Art. 3. — Le taux de l'allocation est arrêté, pour chaque commune, par le conseil municipal, sous réserve de l'approbation du Conseil général et du Ministre de l'Intérieur.

Il ne peut être inférieur à soixante francs (60 fr.) par an et par enfant, ni supérieur à quatre-vingt-dix francs (90 fr.); si l'allocation est supérieure à quatre-vingt-dix francs (90 fr.), l'excédent est à la charge exclusive de la commune.

Art. 4. — L'admission à l'assistance et la procédure d'appel et de recours sont réglées dans les conditions déterminées par les articles 4, 5 et 7 à 18 de la loi du 14 juillet 1905. Le mode d'assistance est l'assistance à domicile, sauf l'exception prévue à l'article 5.

Art. 5. — La jouissance de l'allocation commence du jour fixé par la délibération prononçant l'admission à l'assistance. L'allocation est incessible et insaisissable. Elle est payée par mois et d'avance, sans déduction d'aucune sorte, et versée, suivant décision du conseil municipal, soit au chef de famille, soit à la mère, soit à un autre membre de la famille, soit à l'établissement public ou à l'établissement privé agréé par le ministre de l'intérieur dans lequel l'enfant ou les enfants auront été placés. Le conseil municipal peut également décider que tout ou partie de l'allocation sera donné, soit en secours de loyer, soit en nature, par le bureau de bienfaisance. Le montant de la part de l'allocation donnée en nature ou en secours de loyer est versé au receveur du bureau de bienfaisance.

Art. 6. — Le domicile de secours est fixé dans les conditions déterminées par les articles 6, 7 et 8 de la loi du 15 juillet 1893.

Les contestations relatives au domicile de secours sont jugées par le Conseil de préfecture du département où réside le chef de famille.

Les décisions du Conseil de préfecture peuvent être attaquées devant le Conseil d'État. Le pourvoi est jugé sans frais et dispensé du timbre et du ministère d'avocat,

Art. 7. — Sont obligatoires pour les communes, dans les conditions des articles 136 et 149 de la loi du 5 avril 1884, les dépenses d'assistance résultant des allocations accordées aux chefs de famille et aux femmes privés de ressources, se trouvant dans les conditions prévues à l'article 2 et ayant le domicile de secours communal.

Les communes pourvoient à ces dépenses à l'aide :

1° Des ressources spéciales provenant des fondations ou des libéralités faites en vue de l'assistance aux familles nombreuses ;

2° De la participation éventuelle du bureau de bienfaisance ;

3° En cas d'insuffisance, d'une subvention du département, calculée sur la portion de dépenses non couvertes par les ressources visées aux deux paragraphes précédents, conformément au barème A (tableaux 1, 2 et 3) annexé à la présente loi, et sans que la charge de la commune puisse être inférieure à 10 p. 100 de cette portion de dépenses ;

4° Pour le surplus, à l'aide des recettes ordinaires ou des ressources provenant de l'impôt, d'impositions ou de taxes dont la perception est autorisée par les lois.

Art. 8. — Sont obligatoires pour le département, dans les conditions des articles 60 et 61 de la loi du 10 août 1871 :

1° Les dépenses résultant des allocations accordées aux chefs de famille et aux femmes privés de ressources se trouvant dans les conditions prévues à l'article 2 et ayant le domicile de secours départemental ;

2° Les frais d'administration et de contrôle départemental du service ;

3° Les subventions à allouer aux communes par application de l'article précédent.

Les départements pourvoient à ces dépenses à l'aide :

1° Des ressources spéciales provenant des fondations ou des libéralités à eux faites en vue de l'assistance aux familles nombreuses ;

2° En cas d'insuffisance, d'une subvention de l'État calculée sur la partie de la dépense, non couverte par les ressources visées au paragraphe précédent, conformément au barème B (tableaux 1, 2 et 3) annexé à la présente loi, et sans que la charge du département puisse être inférieure à 5 p. 100 de cette portion de dépenses ;

3° Et pour le surplus, à l'aide des recettes ordinaires et des ressources provenant de l'impôt, d'impositions ou de taxes, dont la perception est autorisée par les lois.

Art. 9. — Indépendamment de la subvention à allouer en exécution de l'article 8, paragraphe 2, l'État est chargé :

1° Des allocations aux chefs de famille et aux femmes privés de ressources et se trouvant dans les conditions prévues à l'article 2 et n'ayant aucun domicile de secours ;

2° Des frais d'administration et de contrôle occasionnés par l'exécution de la présente loi.

Art. 10. — Les certificats, significations, jugements, contrats, quittances et autres actes faits en vertu de la présente loi et ayant exclusivement pour objet le service de l'assistance aux familles nombreuses et nécessiteuses, sont dispensés du timbre et enregistrés gratis, lorsqu'il y a lieu à la formalité de l'enregistrement.

Art. 11. — Il n'est pas dérogé aux dispositions de la loi du 27 juin 1904, complétée par la loi du 22 avril 1905, sur le service des enfants assistés, mais les avantages des dites lois ne pourront être cumulés avec ceux de la présente loi,

Art. 12. — Le paragraphe premier de l'article 17 de la loi du 14 juillet 1905 est complété ainsi qu'il suit :

« Le nombre des membres de la Commission centrale peut être augmenté par décret rendu après avis du Conseil d'État. Les membres supplémentaires sont élus dans la proportion de quatre sixièmes par le Conseil supérieur de l'assistance publique, et de deux sixièmes par le Conseil supérieur des habitations à bon marché. »

Art. 13. — Les dispositions de l'article 32 de la loi du 23 décembre 1912 sont applicables aux maisons individuelles affectées aux familles nombreuses visées par le dit article. L'État participera pour moitié, en ce qui concerne les familles nombreuses visées à l'article 2 de la présente loi, aux subventions accordées par les communes aux offices publics et aux sociétés d'habitations à bon marché dans les conditions prévues par l'article 32 susvisé.

Si l'office public ou la société d'habitations à bon marché s'engage à affecter aux familles visées à l'article 2 des logements représentant la moitié au moins du montant des valeurs locatives de l'ensemble des logements de chaque immeuble, les subventions pourront s'élever à 2 p. 100 du prix de revient de l'immeuble ; elles pourront faire l'objet de contrats pour une durée de trente ans au plus.

Les délibérations des conseils municipaux relatives à cet objet ne sont exécutoires qu'après avoir été approuvées par les ministres de l'intérieur, du travail et des finances.

Art. 14. — Le préfet, sur l'avis du Conseil général, pourra créer des comités de patronage dont le rôle et le fonctionnement seront déterminés par un des règlements prévus à l'article 15.

Art. 15. — Des règlements d'administration publique détermineront les mesures nécessaires pour assurer l'exécution de la présente loi.

Un règlement spécial d'administration publique déterminera les conditions de son application à la ville de Paris.

La présente loi sera applicable dans les trois mois qui suivront l'insertion des règlements d'administration publique au *Journal officiel*.

Tableaux.

BARÈME **A**

SERVANT A DÉTERMINER LA PART DES DÉPENSES D'ASSISTANCE AUX
FAMILLES NOMBREUSES A COUVRIR PAR LES COMMUNES DANS LES
CONDITIONS PRÉVUES AU 3° DE L'ARTICLE 7

TABLEAU I

VALEUR DU CENTIME DÉMOGRAPHIQUE	PART DE LA DÉPENSE à couvrir par les communes sur la base du centime démographique.
	p. 100.
Au-dessous de 0,06..	4
De 0,061 à 0,08...	6
De 0,081 à 0,10...	8
De 0,101 à 0,12...	10
De 0,121 à 0,14...	13
De 0,141 à 0,16...	17
De 0,161 à 0,18...	21
De 0,181 à 0,20...	25
Au-dessus de 0,20...	30

TABLEAU II

CHARGES FINANCIÈRES DES COMMUNES (Nombre total des centimes.)	PART DE LA DÉPENSE à couvrir par les communes en raison de leurs charges financières.
	p. 100.
Au-dessous de 10 centimes..	20
De 11 à 25..	17
De 26 à 40..	14
De 41 à 55..	11
De 56 à 70..	9
De 71 à 85..	7
De 86 à 100...	5
De 101 à 120..	3
Au-dessus de 120..	1

TABLEAU III

CHARGES PAR HABITANT RÉSULTANT DE L'ASSISTANCE AUX FAMILLES NOMBREUSES	PART A COUVRIR PAR LES COMMUNES en raison de leurs charges d'assistance aux familles nombreuses.
	p. 100.
De 0,30 et au-dessous.. … .. ……………………	20
De 0,31 à 0,45…………… … ……………………	18
De 0,46 a 0,60 ….. …………………… .. …. …	16
De 0,61 à 0,75…………… …… ………	14
De 0,76 à 0,90………… ………… ……… ………	12
De 0,91 à 1,05………… …………………………	10
De 1,06 à 1,20… ………………………… ..	8
De 1,21 à 1,35 . …. …………………… ………	6
De 1,36 à 1,50………………… ………………	4
De 1,51 a 1,70. …. ………………… ………	2
Au-dessus de 1,70…… ………… … …………	1

BARÈME **B**

SERVANT A DÉTERMINER LA PART DES DÉPENSES D'ASSISTANCE AUX FAMILLES NOMBREUSES A COUVRIR PAR LES DÉPARTEMENTS DANS LES CONDITIONS PRÉVUES AU 7° ALINÉA DE L'ARTICLE 8

TABLEAU I

VALEUR DU CENTIME DÉPARTEMENTAL RAPPORTÉ A LA POPULATION (PAR 100 HABITANTS)	PART DE LA DÉPENSE à couvrir par le département en raison du centime démographique départemental.
	p. 100.
De 5 francs et au-dessous.	2
De 5,01 à 6	4
De 6,01 à 7	6
De 7,01 à 8	9
De 8,01 à 9	12
De 9,01 à 10	15
De 10,01 à 11	18
De 11,01 à 12	21
De 12,01 à 15	24
De 15,01 à 18	27
Au-dessus de 18	30

TABLEAU II

CHARGES FINANCIÈRES DU DÉPARTEMENT (Nombre total des centimes.)	PART DE LA DÉPENSE à couvrir par les départements en raison de leurs charges financières.
	p. 100.
Au-dessous de 50 centimes	10
De 51 à 60	9
De 61 à 70	8
De 71 à 80	7
De 81 à 90	6
De 91 à 100	5
De 101 à 105	4
De 106 à 110	2
Au-dessus de 110	1

TABLEAU III

CHARGES PAR 100 HABITANTS RÉSULTANT DE L'ASSISTANCE AUX FAMILLES NOMBREUSES	PART DE LA DÉPENSE à couvrir par les départements en raison de leurs charges d'assistance aux familles nombreuses.
	p. 100.
25 francs et au-dessous......................	10
De 26 à 40...	9
De 41 à 55...............................•......................	8
De 56 à 70..	7
De 71 à 85	6
De 86 à 100	5
De 101 à 115....................................	4
De 116 à 130..................................	3
De 131 à 145...	2
Au-dessus de 145....................................	1

Circulaire relative a l'application de la loi du 14 juillet 1913 sur l'assistance aux familles nombreuses

Paris, le 24 juillet 1913.

Le ministre de l'intérieur a MM. les préfets

La loi du 14 juillet 1913, dont vous trouverez le texte au *Journal officiel* du 16 institue l'assistance obligatoire aux familles nombreuses privées de ressources. La loi, en vertu de l'article 15, est applicable dans les trois mois qui suivront l'insertion au *Journal officiel* des règlements d'administration publique où seront déterminées les mesures propres à en assurer l'exécution. Toute diligence sera faite pour que ces règlements soient promulgués en temps utile, afin d'assurer le paiement des allocations mensuelles dès le mois de janvier prochain. Pour obtenir ce résultat, étant donné le rôle que sont appelés à jouer dans le fonctionnement de la nouvelle loi, les conseils généraux, les conseils municipaux et les bureaux de bienfaisance ou d'assistance, il est indispensable que vous apportiez la plus grande activité et que vous y incitiez un chacun. La présente circulaire a pour but, d'une part, l'économie générale de la loi — un commentaire détaillé serait prématuré — d'autre part, de vous indiquer les mesures de préparation qui devront être prises.

I

BÉNÉFICIAIRES

1. — Les bénéficiaires définis par l'article 2 sont les chefs de famille (ou les mères). Ils doivent remplir trois conditions :

A. — Être de nationalité française.

B. — Avoir des ressources insuffisantes pour élever les enfants, légitimes ou reconnus dont ils ont la charge.

C. — Avoir à leur charge un nombre minimum d'enfants de moins de treize ans, nombre qui varie suivant les cas. Trois cas à cet égard sont à considérer :

1° Si les enfants sont restés à la charge de la mère par suite de la mort du père, de sa disparition, d'abandon par lui de sa famille, ou de toute autre cause (par exemple si le père est hospitalisé dans un asile d'aliénés ou dans un hospice, bénéficiaire de la loi du 14 juillet 1905 au titre d'infirme ou d'incurable, condamné à une peine d'emprisonnement de longue durée ...) l'assistance est donnée à la mère pour chaque enfant de moins de treize ans au delà du premier enfant de moins de treize ans.

Si donc la mère qui se trouve dans cette situation, a deux enfants de moins de treize ans, elle a droit à une allocation ; si elle en a trois à deux allocations; si elle en a quatre à trois allocations;

2° Si les enfants sont restés à la charge du père par suite de la mort de la mère, de sa disparition, d'abandon par elle de sa famille, ou de toute autre cause, l'assistance est donnée au père pour chaque enfant de moins de treize ans au-delà du deuxième enfant de moins de treize ans.

Si donc le père, qui se trouve dans cette situation, a deux enfants seulement de moins de treize ans, il n'a droit à rien ; s'il en a trois, il a droit à une allocation ; s'il en a quatre, à deux allocations, etc..;

3° En dehors de ces deux cas, le chef de famille (et ce peut être, en cas de décès, d'abandon ou de disparition des père et mère, un « parent » ayant recueilli les enfants), n'a droit au bénéfice de la loi que s'il a à sa charge au moins quatre enfants de moins de treize ans ; l'assistance lui est donnée pour chaque enfant de moins de treize ans au-delà du troisième ; s'il en a quatre, il a droit à une allocation ; s'il en a cinq, à deux allocations, etc..;

II. — Seuls les enfants de moins de treize ans entrent en compte ; ceux ayant plus de treize ans ne comptent pas, quelqu'en soit le nombre. Exception est faite pour les enfants de treize à seize ans, « pour lesquels le chef de famille ou la mère aura passé un contrat écrit d'apprentissage », dans les conditions qui seront déterminées par un règlement d'administration publique. Un enfant de treize à seize ans, s'il remplit cette condition particulière, est ainsi assimilé à un enfant de moins de treize ans.

III. — Le chef de famille ne peut être admis au bénéfice de la loi que si ses ressources sont insuffisantes pour élever les enfants, légitimes ou reconnus, dont il a la charge. Comment faut-il entendre cette condition ? Aucun criterium n'a été fixé par la loi, car aucun ne pouvait l'être. Il y a là incontestablement une question d'appréciation fort délicate. La jurisprudence pourra seule déterminer certaines règles générales que nous dégagerons ultérieurement. Dès aujourd'hui, vous ferez comprendre aux conseils municipaux les inconvénients financiers des abus qui pourraient se glisser dans l'application de la loi.

IV. — Il va de soi que les « ressources » dont il s'agit ici doivent s'entendre de l'ensemble des ressources dont dispose l'intéressé quelles qu'en soient l'origine et la nature.

II

QUOTITÉ DE L'ALLOCATION

V. — L'assisté a droit à autant de fois l'allocation qu'il a d'enfants de moins de treize ans (ou assimilés) en surnombre, c'est-à-dire au-dessus du minimum de 1 (mère, voir 1°, alinéa 1), de 2 (père, voir 2°), de 3 (chef de famille, voir 3°),

VI. — Le taux de l'allocation qui ne variera point d'un assisté à l'autre, est fixé dans chaque commune par le conseil municipal, sous réserve de l'approbation du conseil général et du ministre de l'intérieur. Il ne peut être inférieur à 60 francs par an, ni supérieur à 90 francs.

VII. — La loi ajoute que s'il est supérieur à 90 francs, l'excédent est à la charge exclusive de la commune. La loi fixe en effet les limites dans les·

quelles le département et l'État participeront aux dépenses communales. La commune peut dépasser ces limites, mais elle supportera seule les frais de ce déplacement.

VIII. — Ces chiffres de 60 francs, de 90 francs s'appliquent bien entendu à l'allocation annuelle. Comme l'allocation est payée par mois, c'est le taux de l'allocation mensuelle qui sera de pratique courante. Il ne pourra donc être inférieur à 5 francs, ni supérieur à 7 fr. 50.

Afin de prévenir de graves complications d'écritures, de calcul et de trésorerie, il importe au plus haut point que le taux mensuel soit un nombre simple (5 fr., 5 fr. 50, 6 fr., 6 fr. 50, 7 fr., 7 fr. 50) donc que le taux annuel soit arrêté à (60 fr., 66 fr., 72 fr., 78 fr., 84., 90 fr.). C'est un point sur lequel vous appelerez l'attention des conseils municipaux ; que si l'un de ceux-ci, méconnaisant l'importance pratique de cette observation, fixait un taux annuel différent des six nombres précités, par exemple 73 francs, correspondant ainsi à une allocation mensuelle de 6 fr. 08, le conseil général estimera sans doute nécessaire, et vous l'en prierez, de n'approuver que jusqu'à concurrence de 72 francs ; si le conseil général passait outre, le ministre de l'intérieur, usant du droit que lui confère la loi n'approuverait que jusqu'à concurrence de 72 francs. Mais nous préviendrons bien des correspondances inutiles si dès le début les municipalités, avisées par vos soins, entrent dans les vues que je viens d'indiquer.

IX. — Contrairement à ce qui a lieu dans la loi du 14 juillet 1905, l'intéressé ne peut pas recevoir une allocation plus ou moins réduite en raison de ses ressources. S'il est reconnu avoir des ressources suffisantes pour élever ses enfants, il n'est pas admis. Sinon il est admis, et dès lors il reçoit, *sans déduction d'aucune sorte*, dit l'article 5 de la loi, une allocation dont le taux dépend exclusivement du nombre de ses enfants.

Par exemple, dans une même commune, deux ouvriers veufs, ayant le même nombre d'enfants de moins de treize ans et n'ayant d'autres ressources que leurs salaires, ressources jugées insuffisantes, recevront des allocations identiques bien que l'un gagne peut-être 50 centimes de plus que l'autre par jour.

X. — Dans le régime de la loi de 1905, à moins que les ressources de l'assisté ne vinssent à se modifier, fait relativement rare, le bénéficiaire touchait jusqu'à sa mort une allocation mensuelle fixe. Il en va ici tout autrement. Les ressources de l'intéressé restant identiques, le nombre des allocations qu'il reçoit sera augmenté, si sa femme meurt, disparaît, l'abandonne, devient incurable, etc., ou chaque fois que lui naîtra un nouvel enfant ; il sera réduit chaque fois qu'un enfant de moins de treize ans viendra à décéder ou, sans entrer en apprentissage, atteindra treize ans, chaque fois aussi qu'un enfant de treize à seize ans en apprentissage viendra à décéder ou atteindra seize ans ou enfin, ayant moins de seize ans, cessera effectivement son apprentissage ; l'allocation sera supprimée lorsqu'à la suite de l'un de ces événements le nombre des enfants « entrant en compte » sera devenu inférieur au minimum légal. Dès lors le secours défini par la présente loi résulte du total des allocations accordées et varie dans un sens ou dans l'autre, selon les événements survenus dans la famille.

XI. — D'où nécessité d'un contrôle sur pièces et sur place, notamment en ce qui concerne d'une part les décès des enfants entrant en compte, d'autre part leur accession à treize ans, chaque décès et chaque treizième anniversaire d'enfant assisté devant entraîner une réduction automatique de l'allocation. Faute de ce contrôle, des assistés continueraient à toucher indûment la même somme bien que la plupart des enfants dont il avait été tenu compte lors de la détermination de celle-ci soient morts ou aient dépassé treize ans ; ainsi les abus les plus graves et les plus onéreux seraient commis. Diverses dispositions du règlement d'administration publique et les formes à adopter pour l'établissement des listes d'assistance faciliteront le fonctionnement de la loi ; mais, en dépit de ces précautions, le contrôle sera indispensable, sous ses deux formes, contrôle sur pièces, contrôle sur place : le premier ne laissera point passer les treizièmes anniversaires des enfants ; le second recherchera notamment si les conditions existant au jour de l'inscription n'ont pas été modifiées, aussi dans le projet de règlement départemental du service annexé à la présente circulaire, des articles spéciaux relatifs à ce double contrôle ont été prévus. C'est un point essentiel que vous ne manquerez pas de mettre nettement en lumière devant le conseil général, lorsque vous lui proposerez l'inscription à son budget des dépenses d'administration départementale. Vous le saisirez en même temps de toutes propositions utiles en vue de l'organisation aussi complète et aussi économique que possible de ce double contrôle.

III

Mode de paiement

XII. — L'allocation est mensuelle ; elle est payable d'avance et non pas à terme échu comme celle de la loi de 1905.

XIII. — La jouissance de l'allocation commence du jour fixé par la délibération prononçant l'admission à l'assistance ; de multiples complications seront évitées si les conseils municipaux veulent bien prendre la précaution de fixer comme point de départ de toute allocation le premier jour du mois qui suit la délibération ; et vous ne manquerez point de le leur demander.

XIV. — L'allocation est incessible et insaisissable.

XV. — Le conseil municipal peut décider qu'elle sera versée, non pas au titulaire lui même, mais à la mère ou même à un autre membre de la famille ; l'intérêt des enfants est le principe supérieur qui doit seul dicter ces décisions.

XVI. — L'allocation pourra être versée à l'établissement public ou privé, dans lequel l'enfant ou les enfants auront été placés ; s'il s'agit d'un établissement privé, l'agrément préalable du ministre de l'intérieur est nécessaire.

XVII. — Le conseil municipal peut également décider que tout ou partie de l'allocation sera donné soint en nature, soit en secours de loyer (il faut entendre par ces mots non pas de l'argent remis à l'intéressé pour que celui-ci paie son loyer, mais un bon de loyer que l'assisté remet au propriétaire et dont celui-ci touche le montant à la caisse du receveur du bureau de bienfaisance).

IV

LES SECOURS TEMPORAIRES DE LA LOI DE 1904

XVIII. — La loi, dit son article 12, ne déroge point aux dispositions de la loi du 27 juin 1904, complétée par la loi du 22 avril 1905, sur le service des enfants assistés, mais les avantages desdites lois ne pourront être cumulés avec ceux de la présente loi.

Il s'agit ici des secours temporaires. Ces secours temporaires sont destinés à faire face à des situations plus graves, plus miséreuses et qui seraient de nature à provoquer l'abandon de l'enfant; ils subsistent, ils continueront à être attribués par vous dans les conditions fixées par le conseil général.

Ils ne peuvent être cumulés avec les allocations de la présente loi. Ici apparaît la nécessité d'un contrôle sur pièces spécial et d'ailleurs très simple, consistant à rechercher si les bénéficiaires de la loi nouvelle ne figurent pas sur la liste des titulaires de « secours temporaires ».

V

PROCÉDURE

XIX. — L'admission à l'assistance et la procédure d'appel et de recours sont réglées dans les conditions déterminées par la loi du 14 juillet 1905 à laquelle la présente loi se réfère purement et simplement.

XX. — Le bureau d'assistance établit la liste des postulants qui lui paraissent remplir les diverses conditions requises par la loi; cette liste est divisée en deux parties : la première comprenant les postulants qui lui semblent avoir le domicile de secours dans la commune, la seconde comprenant ceux qui n'ont point ce domicile.

Cette liste est une pièce d'importance essentielle : c'est en grande partie sur le vu des renseignements qui y sont contenus que les autorités compétentes se prononceront; en la rapprochant de la liste d'admission dressée par le conseil municipal et qui vous sera transmise par l'intermédiaire du maire et du sous-préfet, ce dernier et vous-même pourrez discerner éventuellement certaines décisions du conseil municipal susceptibles de vous déterminer à prendre l'initiative de recours.

Vous trouverez annexé à la présente circulaire le modèle type selon lequel le bureau d'assistance devra dresser cette liste; il y est prévu notamment une colonne spéciale où doit être inscrite la date exacte à laquelle le plus âgé des enfants de moins de treize ans doit atteindre cet âge, ou tout enfant de treize ans à seize ans, doit atteindre seize ans ou arriver au terme de son contrat; ainsi l'attention du bureau d'assistance, puis de la municipalité et de vos services, sera appelée sur ces dates essentielles, échéances auxquelles, comme en cas de décès, le secours doit être supprimé ou réduit.

Vous recommanderez de façon toute particulière aux commissions administratives des bureaux d'assistance d'établir ces listes avec le plus grand soin en leur faisant comprendre que, faute de ces soins minutieux la loi serait inapplicable ou faussée.

XXI. — Les commissions cantonales et la commission centrale qui jugent les recours de la loi de 1905 jugeront, dans les mêmes conditions, ceux de la présente loi.

XXII. — Les règles du domicile de secours sont celles fixées par la loi de 1893 sur l'assistance médicale gratuite ; c'est-à-dire que le domicile de secours s'acquiert par une durée d'un an et que de même il se perd par une absence d'un an. Toutes les autres règles dont l'application intervient pour la détermination du domicile subsistent, qu'elles aient été fixées par la loi de 1893 ou par la jurisprudence du Conseil d'État.

VI

Organisation financière

XXIII. — L'organisation financière est, dans ses grandes lignes, analogue à celle de la loi de 1905

Est répartie entre la commune, le département et l'État, la dépense des allocations dont les bénificiaires ont le domicile de secours dans la commune.

Sont répartis entre le département et l'État, d'une part, la dépense des allocations dont les bénéficiaires ont le domicile de secours départemental et, d'autre part, les frais d'administration et de contrôle départemental du service.

Sont à la charge exclusive de l'État les allocations dont les bénéficiaires n'ont pas de domicile de secours, ainsi que les frais d'administration générale.

Le service est départemental comme celui de la loi de 1905 ; les recettes et dépenses sont centralisées au budget départemental.

XXIV. — Les dépenses entraînées par les allocations à des assistés ayant le domicile de secours dans une commune, peuvent dans certains cas ne pas valoir à cette commune la participation du département et par suite indirectement celle de l'État. La commune doit, en effet, pourvoir à ces dépenses d'abord « à l'aide des ressources spéciales provenant des fondations ou libéralités faites en vue de l'assistance aux familles nombreuses », puis « à l'aide de la participation éventuelle du bureau de bienfaisance » ; ce n'est qu'en cas d'insuffisance de ces deux éléments qu'intervient la subvention et celle-ci est calculée sur le surplus.

XXV. — En ce qui concerne les bureaux de bienfaisance, la loi n'a visé que leur participation éventuelle. Le Parlement n'a pas voulu imposer à chaque bureau une participation selon des règles uniformes. Vous aurez donc à envisager des cas d'espèce et à provoquer cette participation toutes les fois que cela vous paraîtra possible.

XXVI. — Le surplus ci-dessus défini des dépenses engagées pour l'assistance aux bénéficiaires ayant leur domicile de secours dans la commune est réparti entre la commune, le département et l'État. La part qui incombe à la commune est calculée d'après le jeu du barème A annexé à la loi. Ce barème comporte trois tableaux.

Le premier indique la part de dépense incombant à la commune d'après la valeur du centime démographique ; le taux varie par échelons successifs de 4 à 30 p. 100 selon que le centime démographique varie de 6 centimes à 0 fr. 20.

Le deuxième tableau indique la part de dépense mesurée d'après les charges financières (nombre total de centimes), le taux varie de 20 à 1 p. 100 selon que le dit nombre total de centimes varie lui-même de 10 à 120.

Le troisième tableau indique la part de dépense mesurée d'après « les charges par habitant résultant de l'assistance aux familles nombreuses » ; le taux varie de 20 à 1 p. 100 selon que les dites charges varient elles-mêmes de 0,30 à 1,70 par tête d'habitant.

XXVII. — Ces trois taux partiels s'ajoutent pour déterminer la part totale incombant définitivement à la commune, avec cette restriction que si cette addition donnait un taux global inférieur à 10 p. 100, celui-ci serait d'office relevé jusqu'à ce minimum de 10 p. 100. Comme les trois taux partiels ne peuvent atteindre respectivement que les valeurs maxima de 30, 20 et 20, le taux global ne pourra donc dépasser en aucun cas 70 p. 100.

XXVIII. — En définitive, la part des dépenses incombant à la commune variera de 10 à 70 p. 100 selon les communes ; ce sont là les mêmes limites extrèmes que celles prises pour la charge des communes par les barèmes annexés à la loi du 1ᵉʳ juillet 1905.

Par le jeu combiné de ces trois tableaux dont l'ensemble forme le barème 1, le législateur s'est proposé d'atteindre le but que voici : faire en sorte que le taux global de participation de la commune soit d'autant plus faible que son centime démographique est plus modeste, que l'ensemble de ses charges financières (nombre total de centimes) est plus lourd, et que l'assistance aux familles nombreuses fera peser sur elle une charge plus forte par habitant.

XXIX. — De ces trois taux partiels, les deux premiers sont d'ores et déjà connus pour chaque commune ; au contraire, le troisième, dépendant du nombre des bénéficiaires éventuels, du nombre des enfants à leur charge et du taux de l'allocation fixée pour la commune ne pourra être exactement déterminé qu'en fin d'exercice.

XXX. — Lorsque la part de la commune sera, par le jeu du barème A, fixée à 20 p. 100 par exemple, la subvention qu'avec l'aide de l'État le département doit fournir à la commune, sera donc du complément, soit 80 p. 100.

XXXI. — Les dépenses départementales se composent de trois éléments : d'une part, les subventions à allouer aux communes par application du barème A comme il vient (XXX) d'être expliqué ; d'autre part, les dépenses résultant des allocations dont les bénéficiaires ont le domicile de secours départemental ; enfin, les frais d'administration et de contrôle départemental du service.

XXXII. — Au payement de ces dépenses, le département doit affecter d'abord la totalité des ressources « spéciales provenant des fondations ou libéralités à lui faites en vue de l'assistance aux familles nombreuses ».

XXXIII. — Le surplus est réparti entre le département et l'État selon le barème B ; celui-ci comprend, comme le précédent, trois tableaux basés, le premier sur le centime démographique départemental ; le second sur les charges financières du département (nombre total de centimes), le troisième sur la « charge par cent habitants résultant de l'assistance aux familles nombreuses ».

XXXIV. — La somme à payer par le département est déterminée à l'aide de ces trois tableaux, dans les mêmes conditions que la part des communes (voir plus haut: 28 et suivants).

XXXV. — La charge du département variera d'un départe..ent à l'autre, de 5 à 50 p. 100, et ce sont encore là les mêmes limites extrêmes entre lesquelles varie aujourd'hui la charge du département, pour l'application de la loi du 14 juillet 1905.

Telle est l'économie générale de la loi nouvelle.

Il reste à examiner les mesures successives qu'il vous appartient de prendre pour en assurer l'exécution, tant par le Conseil général que par les conseils municipaux.

A

Conseil général

XXXVI. — En vertu de l'article premier, l'assistance aux familles nombreuses constitue un service obligatoire pour les départements; le conseil doit donc l'organiser par une délibération spéciale. Le règlement départemental à prévoir est d'ailleurs très simple; puisque toutes les questions relatives notamment à la présentation des demandes et à l'établissement des listes sont fixées par le règlement d'administration publique, et que celles relatives à la procédure d'appel et de recours sont fixées par la loi elle-même. A la présente circulaire, est annexé un règlement type que vous voudrez bien soumettre au Conseil général.

XXXVII. — En raison de l'importance du contrôle à exercer sur le fonctionnement de la loi (voir plus haut : 11 et suivants) vous voudrez bien appeler l'attention de l'assemblée départementale sur les propositions du règlement type relatives à ce contrôle et faire à cet effet toutes propositions utiles en vue de l'inscription au budget de 1914 des crédits nécessaires.

XXXVIII. — D'autre part, le Conseil général doit approuver, dans les limites de 5 à 7.50 le taux de l'allocation arrêtée par chaque commune ; comme les délibérations prises sur cet objet par les conseils municipaux pourront ne point toutes vous parvenir en temps utile pour être soumises au Conseil général lors de sa prochaine session, vous demanderez au Conseil général de donner à sa commission départementale, une délégation spéciale en vue d'approuver les taux arrêtés par les communes et qui vous seraient parvenus trop tard.

XXXIX. — Ainsi, dès sa session prochaine, le Conseil général sera appelé par vous à délibérer :

1° Sur l'adoption du règlement départemental ;

2° Sur l'approbation des taux communaux qui vous seront parvenus ;

3° Sur la délégation à donner à la commission départementale pour l'approbation des taux communaux qui vous parviendront ultérieurement ;

4° Sur l'inscription au budget de 1914 des crédits prévisionnels en vue de l'application de la loi pour cet exercice.

Une circulaire du 14 mai 1910 a invité les préfets à ouvrir une enquête sur les familles nombreuses susceptibles d'être assistées ; les résultats globaux en ont été publiés au *Journal officiel* du 10 avril 1911. Vos services ont dû conserver les documents de cette enquête concernant votre département ; vous y pourrez puiser quelques indications utiles en vue de l'établissement de ces prévisions budgétaires. Mais vous ne perdrez pas de vue que la présente loi s'applique à une catégorie de personnes notablement plus étendue que celle qui avait été prise comme base de l'enquête.

B

Conseils municipaux

XL. — En ce qui concerne les conseils municipaux, le premier acte d'exécution consistera à fixer, entre 5 et 7,50 le taux de l'allocation mensuelle. Vous les inviterez à faire toute diligence pour que les délibérations soient prises sur ce point à la session d'août et vous soient transmises d'urgence afin que vous les soumettiez si possible, à l'approbation du Conseil général.

Mais les conseils municipaux ne peuvent évidemment déférer à cette invitation que lorsqu'ils connaîtront, au moins dans ses lignes générales, l'économie de la loi telle qu'elle a été exposée dans les paragraphes, 1, 2, 3 et 4 de la présente circulaire.

Il vous appartiendra de porter sans retard ces indications et toutes autres qui vous paraîtront utiles à la connaissance des conseils municipaux.

XLI. — Vous indiquerez aussi aux conseils municipaux qu'ils auront à dresser la liste des bénéficiaires à la session de novembre prochain ; en conséquence, les commissions administratives des bureaux d'assistance auront à établir en temps utile les listes préparatoires dont le soin leur incombe, sur le vu des demandes écrites qui lui auront été adressées par les intéressés.

XLII. — A la session de novembre, les conseils municipaux devront en outre inscrire à leur budget les crédits prévisionnels en vue de l'application de la loi pour l'exercice 1914 ; les enquêtes préparatoires des bureaux d'assistance leur fourniront d'utiles indications.

XLIII. — La loi contient une disposition spéciale, du plus haut intérêt, dont la répercussion sera sans doute considérable : c'est l'article 13 par lequel est modifiée la loi du 23 décembre 1912 sur les habitations à bon marché.

Des instructions spéciales pour l'application de cet article vous seront adressées par M. le ministre du travail.

L'assistance aux familles nombreuses présente un si haut intérêt social, elle répond à un sentiment si profond de la nation, que je suis assuré par avance de l'excellent accueil qui sera réservé à cette loi nouvelle. Certes, l'exacte application des dispositions législatives de cette nature impose aux diverses personnes et collectivités appelées à y concourir, un surcroît notable de labeur ; commissions administratives des bureaux de bienfaisance et d'assistance, secrétaires de ces commissions et secrétaires de mairies, maires et conseils municipaux, commissions cantonales d'appel, commissions départementales, conseils généraux, sans oublier les divers collaborateurs des services préfectoraux et vous-même, tous devront faire un gros effort pour, au milieu des difficultés et des tâtonnements inévitables du début, assurer au 1er janvier prochain, la mise en vigueur effective de ce service nouveau. Je compte sur vous, monsieur le préfet, pour susciter, pour entraîner et pour guider tous ces efforts, et aussi pour faire connaître à tous, à ceux qui auront charge de l'appliquer, puis à ceux qui en doivent bénéficier, le caractère, les modalités et le but hautement patriotique de cette loi par laquelle la République continue l'élaboration méthodique de sa grande œuvre de solidarité sociale.

Le ministre de l'intérieur,

L. L. KLOTZ.

ANNEXE A

PROJET DE RÈGLEMENT DÉPARTEMENTAL DU SERVICE DE L'ASSISTANCE AUX FAMILLES NOMBREUSES

ARTICLE PREMIER. — Un service public d'assistance aux familles nombreuses est institué dans le département   , conformément à la loi du 14 juillet 1913.

ART. 2. — Le service est administré par le préfet.

ART. 3. — Le préfet exerce, dans l'intérêt du service, après décision du conseil général, les recours ouverts contre les collectivités du domicile de secours, l'assisté ou les personnes tenues de la dette alimentaire, en ce qui concerne les assistés ayant le domicile de secours communal ou départemental.

ART. 4. — Le préfet pour les assistés ayant le domicile de secours départemental, procède à l'instruction des demandes et les soumet à la commission départementale avec l'avis du maire de la commune de la résidence et ses propres propositions.

ART. 5. — Le taux de l'allocation mensuelle des assistés ayant le domicile de secours départemental est celui arrêté dans la commune où ils résident à la date de leur demande.

ART. 6. — Le taux d'allocation mensuelle fixé par les conseils municipaux, avec l'approbation du conseil général et du ministre de l'intérieur peut être revisé tous les cinq ans.

ART. 7. — Le service est soumis à un contrôle sur pièces et à un contrôle sur place.

ART. 8. — Le contrôle sur pièces recherche, par l'examen des dossiers, si ceux-ci ont été régulièrement constitués et s'ils ne font point apparaître quelque décision susceptible d'être réformée par la juridiction compétente.

Il tient un état des dates auxquelles les allocations doivent être supprimées ou réduites.

Il veille à ce qu'à la suite de tout décès d'un enfant donnant droit à allocation le secours soit réduit ou supprimé conformément à la loi.

ART. 9. — Le contrôle sur place procède à toutes vérifications utiles. Il recherche notamment :

1° D'après les registres de l'état-civil des communes, si les décès des enfants visés à l'article précédent ont été régulièrement portés à la connaissance du préfet.

2° Si les enfants de treize à seize ans pourvus d'un contrat d'apprentissage continuent cet apprentissage de façon effective et dans les conditions prévues.

3° Si certains des bénéficiaires de l'assistance ne disposent point de ressources suffisantes pour élever les enfants à leur charge et ne devraient point en conséquence être rayés.

4° Si les secours qui doivent être donnés en nature le sont effectivement et dans les conditions fixées.

Art. 10. — Chaque année, à la session d'août, la commission départementale rend compte au conseil général des admissions et des radiations, augmentions ou réductions des allocations prononcées en ce qui concerne les assistés ayant le domicile de secours départemental.

Chaque année, à la même session, le préfet rend compte au conseil général de l'ensemble du service pour le département. Son rapport est communiqué au ministre de l'intérieur.

DÉPARTEMENT
d

ARRONDISSEMENT
d

CANTON
d

ANN

ASSISTANCE AUX
(Loi du 14

BUREAU D'ASSISTANCE

ANNÉE

ÉTAT nominatif des chefs de familles et mères

TAUX DE L'ALLOCATION MENSUELLE FIXÉE

1"

Intéressés paraissant avoir leur

EXE B

FAMILLES NOMBREUSES
juillet 1913.)

DE LA COMMUNE D

19

proposés pour l'admission à l'assistance.

DANS LA COMMUNE :   FR.

à

partie.

domicile de secours dans la commune.

NUMÉROS D'ORDRE	NOM ET PRÉNOMS du CHEF DE FAMILLE (a)	DURÉE du SÉJOUR dans la commune.	PRÉNOMS DE CHACUN des enfants au-dessous de 13 ans (ou des enfants de 13 à 16 ans pourvus d'un contrat écrit d'apprentissage) (b).	DATE de NAISSANCE de chacun de ces enfants (c)	NOMBRE D'ENFANTS au delà du { 3e 2e 1er	DATE EXTRÊME de la cessation de l'allocation pour chaque enfant.	TOTAL des ALLOCATIONS (d).	PART de L'ALLOCATION que le bureau propose de verser sous forme de secours de loyer ou de secours en nature (e).	PART de L'ALLOCATION que le bureau propose de donner en argent (f).	NOM DE LA PERSONNE proposée pour toucher cette part en argent (g).	OBSERVATIONS
1	2	3	4	5	6	7	8	9	10	11	12

(a) On inscrira d'abord les chefs de familles susceptibles de toucher une allocation par enfant de trois ans au delà du troisième enfant ; à la suite les pères susceptibles de toucher l'allocation au delà du deuxième enfant (en raison du décès, de la disparition ou de l'abandon de la mère) ; enfin les mères susceptibles de toucher l'allocation au delà du premier (en raison du décès, de la disparition ou de l'abandon du père.

(b) En commençant par les plus jeunes.

(c) Au delà du troisième, au delà du deuxième, au delà du premier suivant les cas rappelés à la note a.

(d) On calcule ce total en multipliant par le nombre des enfants portés à la colonne 6 le taux de l'allocation mensuelle fixé dans la commune.

(e) L'allocation peut être donnée tout ou partie en secours de loyer ou en secours en nature.

(f) Différence entre le chiffre porté à la colonne 8 et celui porté à la colonne 9.

(g) Rien à écrire dans cette colonne si l'assisté doit toucher lui-même l'allocation.

NOTA. — Sur la liste restant dans les archives de la commune, le décès de chaque enfant ou la cessation fortuite du contrat d'apprentissage survenant avant la date extrême inscrite dans la colonne 7 pour la cessation de l'assistance sera mentionnée à l'encre rouge dans ladite colonne.

TAUX DE L'ALLOCATION MENSUELLE

2ᵉ

Intéressés paraissant ne pas avoir leur

NUMÉROS D'ORDRE	NOM ET PRÉNOMS du CHEF DE FAMILLE (a)	DOMICILE de secours présumé (h).	PRÉNOMS DE CHACUN des enfants au-dessous de 13 ans (ou des enfants de 13 à 16 ans pourvus d'un contrat d'apprentissage (b).	DATE de NAISSANCE de chacun de ces enfants (c).	NOMBRE D'ENFANTS au delà du { 3ᵉ 2ᵉ 1ᵉʳ
1	2	3	4	5	6

(a) On inscrira d'abord les chefs de famille susceptibles de toucher une allocation par enfant de moins de treize ans au delà du troisième enfant ; *à la suite* les pères susceptibles de toucher l'allocation au delà du deuxième (en raison, du décès, de la disparition ou de l'abandon de la mère); enfin les mères susceptibles de toucher l'allocation au delà du premier (en raison, du décès, de la disparition ou de l'abandon du père,

(b) En commençant par les plus jeunes.

(c) Au delà du troisième, au delà du deuxième, au delà du premier suivant les cas rappelés à la note a.

(d) On calcule ce total en multipliant par le nombre des enfants portés à la colonne 6 le taux de l'allocation mensuelle fixé dans la commune.

(e) L'allocation peut être donnée tout ou partie en secours de loyer ou en secours en nature.

FIXÉE DANS LA COMMUNE : FR.

partie.

domicile de secours de la commune.

DATE EXTRÊME de la cessation de l'allocation pour chaque enfant.	TOTAL des ALLOCATIONS (d).	PART de L'ALLOCATION que le bureau propose de verser sous forme de secours de loyer ou de secours en nature (e).	PART de L'ALLOCATION que le bureau propose de donner en argent (f).	NOM DE LA PERSONNE proposée pour toucher cette part en argent (g).	OBSERVATIONS
7	8	9	10	11	12

(f) Différence entre le chiffre porté à la colonne 8 et celui porté à la colonne 9.

(g) Rien à écrire dans cette colonne, si l'assisté doit toucher lui-même l'allocation.

(h) Si le domicile de secours présumé est communal, mettre dans cette colonne le nom de la commune de domicile de secours et celui du département où se trouve cette commune ; s'il est départemental, le nom du département; s'il n'y a pas de domicile de secours, mettre : État.

Nota. — Sur la liste restant dans les archives de la commune, le décès de chaque enfant ou la cessation fortuite du contrat d'apprentissage survenant avant la date extrême inscrite dans la colonne 7 pour la cessation de l'assistance sera mentionnée à l'encre rouge dans ladite colonne.

MELUN. IMPRIMERIE ADMINISTRATIVE. — M 1171 *E*, n° 261